Todos los libros de Linkgua Ediciones cuentan con modelos de Inteligencia Artificial entrenados por hispanistas. Pregúntale al chat de tu libro lo que desees acerca de la obra o su autor/a.

Para **ebooks**: Accede a nuestro modelo de IA a través de un enlace.

Para **libros impresos**: Escanea el código QR de la portada con tu dispositivo móvil.

Obtén análisis detallados de nuestros libros, resúmenes, respuestas a tus preguntas y accede a nuestras ediciones críticas generativas para una experiencia de lectura más enriquecedora.
La transparencia y el respeto hacia la autoría de las fuentes utilizadas son distintivos básicos de nuestro proyecto. Por ello, las respuestas ofrecen, mediante un sistema de citas, las fuentes con las que han sido elaboradas.

Autores varios

Constitución mexicana de 1857

Barcelona 2025
Linkgua-ediciones.com

Créditos

Título original: Constitución mexicana de 1857.

© 2025, Red ediciones S.L.

e-mail: info@linkgua.com

Diseño de cubierta: Michel Mallard.

ISBN rústica ilustrada: 978-84-9007-023-9.
ISBN ebook: 978-84-9897-277-1.

Cualquier forma de reproducción, distribución, comunicación pública o transformación de esta obra solo puede ser realizada con la autorización de sus titulares, salvo excepción prevista por la ley. Diríjase a CEDRO (Centro Español de Derechos Reprográficos, www.cedro.org) si necesita fotocopiar, escanear o hacer copias digitales de algún fragmento de esta obra.

Sumario

Créditos	4
Título 1.º	9
Sección I. De los derechos del hombre	9
Sección II. De los mexicanos	16
Sección III. De los extranjeros	17
Sección IV. De los ciudadanos mexicanos	17
Título 2.º	19
Sección I. De la soberanía nacional y de la forma de gobierno	19
Sección II. De las partes integrantes de la federación y del territorio nacional	20
Título 3.º De la división de poderes	23
Sección I. Del poder legislativo	23
Sección II. Del poder ejecutivo	31
Sección III. Del poder judicial	34
Título 4.º De la responsabilidad de los funcionarios públicos	39
Título 5.º De los Estados de la federación	41
Título 6.º Prevenciones generales	43
Título 7.º De la reforma de la Constitución	45
Título 8.º De la inviolabilidad de la Constitución	47

Artículo transitorio federal de los Estados Unidos Mexicanos,

Sancionada y jurada por el Congreso general constituyente el día cinco de FEBRERO de 1857.

EN EL NOMBRE DE DIOS Y con la autoridad del PUEBLO MEXICANO.

Los representantes de los diferentes Estados, del distrito y Territorios que componen la República de México, llamados por el plan proclamado en Ayutla el primero de Marzo de 1854, reformado en Acapulco el día 11 del mismo mes y año, y por la convocatoria expedida el 17 de Octubre de 1855, para constituir a la nación bajo la forma de república democrática, representativa, popular, poniendo en ejercicio los poderes con que están investidos, cumplen con su alto encargo decretando la siguiente

CONSTITUCIÓN
política de la República mexicana sobre la indestructible base de su legítima independencia proclamada el día 16 de Setiembre de 1810 y consumada el 27 de setiembre de

1824.

Título 1.º

Sección I. De los derechos del hombre

Artículo 1. El pueblo mexicano reconoce que los derechos del hombre son la base y el objeto de las instituciones sociales. En consecuencia declara que todas las leyes y todas las autoridades del país deben respetar y sostener las garantías que otorga la presente Constitución.

Artículo 2. En la república todos nacen libres. Los esclavos que pisen el territorio nacional recobran por ese solo hecho su libertad y tienen derecho a la protección de las leyes.

Artículo 3. La enseñanza es libre. La ley determinará qué profesiones necesitan título para su ejercicio, y con qué requisitos se deben expedir.

Artículo 4. Todo hombre es libre para abrazar la profesión, industria o trabajo que le acomode, siendo útil y honesto, y para aprovecharse de sus productos. Ni uno, ni otro se le podrá impedir, sino por sentencia judicial cuando ataque los derechos de tercero, o por resolución gubernativa, dictada en los términos que marque la ley, cuando ofenda los de la sociedad.

Artículo 5. Nadie puede ser obligado a prestar trabajos personales, sin la justa retribución y sin su pleno consentimiento. La ley no puede autorizar ningún contrato que tenga por objeto la pérdida, o el irrevocable sacrificio de la libertad del hombre, ya sea por causa de trabajo, de educación, o de voto religioso. Tampoco puede autorizar convenios en que el hombre pacte su proscripción o destierro.

Artículo 6. La manifestación de las ideas no puede ser objeto de ninguna inquisición judicial o administrativa, sino en el caso de que ataque la moral, los derechos de tercero, provoque a algún crimen o delito, o perturbe el orden público.

Artículo 7. Es inviolable la libertad de escribir y publicar escritos sobre cualquiera materia. Ninguna ley ni autoridad puede establecer la previa censura, ni exigir fianza a los autores o impresores, ni coartar la libertad de imprenta, que no tiene mas límites que el respeto a la vida privada, a la moral y a la paz pública. Los delitos de imprenta serán juzgados por un jurado que califique el hecho, y por otro que aplique la ley y designe la pena.

Artículo 8. Es inviolable el derecho de petición ejercido por escrito de una manera pacífica y respetuosa; pero en materias políticas solo pueden ejercerlo los ciudadanos de la república. A toda petición debe recaer un acuerdo escrito de la autoridad a quien se haya dirigido, y ésta tiene obligación de hacer conocer el resultado al peticionario.

Artículo 9. A nadie se le puede coartar el derecho de asociarse o de reunirse pacíficamente con cualquier objeto lícito; pero solamente los ciudadanos de la república pueden hacerlo para tomar parte en los asuntos políticos del país. Ninguna reunión armada tiene derecho de deliberar.

Artículo 10. Todo hombre tiene derecho de poseer y portar armas para su seguridad y legítima defensa. La ley señalará cuales son las prohibidas y la pena en que incurren los que las portaren.

Artículo 11. Todo hombre tiene derecho para entrar y salir de la república, viajar por su territorio y mudar de residencia sin necesidad de carta de seguridad, pasaporte, salvoconducto ú otro requisito semejante. El ejercicio de este derecho no perjudica las legítimas facultades de la autoridad judicial o administrativa, en los casos de responsabilidad criminal o civil.

Artículo 12. No hay, ni se reconocen en la república, títulos de nobleza, ni prerrogativas, ni honores hereditarios. Solo el pueblo legítimamente representado puede decretar recompensas en honor de los que hayan prestado o prestaren servicios eminentes a la patria o a la humanidad.

Artículo 13. En la república mexicana nadie puede ser juzgado por leyes privativas, ni por tribunales especiales. Ninguna persona ni corporación puede tener fueros, ni gozar emolumentos que no sean compensación de un servicio público y estén fijados por la ley. Subsiste el fuero de guerra solamente para los delitos y faltas que tengan exacta conexión con la disciplina militar. La ley fijará con toda claridad los casos de esta excepción.

Artículo 14. No se podrá expedir ninguna ley retroactiva. Nadie puede ser juzgado ni sentenciado sino por leyes dadas con anterioridad al hecho, y exactamente aplicadas a él, por el tribunal que previamente haya establecido la ley.

Artículo 15. Nunca se celebrarán tratados para la extradición de reos políticos, ni para la de aquellos delincuentes del orden común que hayan tenido en el país en donde cometieron el delito la condición de esclavos, ni convenios o tratados en virtud de los que se alteren las garantías y derechos que esta constitución otorga al hombre y al ciudadano.

Artículo 16. Nadie puede ser molestado en su persona, familia, domicilio, papeles y posesiones, sino en virtud de mandamiento escrito de la autoridad competente, que funde y motive la causa legal del procedimiento. En el caso de delito infraganti, toda persona puede aprehender al delincuente y a sus cómplices, poniéndolos sin demora a disposición de la autoridad inmediata.

Artículo 17. Nadie puede ser preso por deudas de un carácter puramente civil. Nadie puede ejercer violencia para recobrar su derecho. Los tribunales estarán siempre expeditos para administrar justicia. Esta será gratuita, quedando en consecuencia abolidas las costas judiciales.

Artículo 18. Solo habrá lugar a prisión por delito que merezca pena corporal. En cualquier estado del proceso en que aparezca que al acusado no se le puede imponer tal pena, se pondrá en libertad bajo de fianza. En ningún caso podrá prolongarse la prisión o detención por falta de pago de honorarios, o de cualquiera otra ministración de dinero.

Artículo 19. Ninguna detención podrá exceder del término de tres días, sin que se justifique con un auto motivado de prisión y los demás requisitos que establezca la ley. El solo lapso de este término constituye responsables a la autoridad que la ordena o consiente, y a los agentes, ministros, alcaides o carceleros que la ejecuten. Todo maltratamiento en la aprehensión o en las prisiones, toda molestia que se infiera sin motivo legal, toda gabela o contribución en las cárceles es un abuso que deben corregir las leyes, y castigar severamente las autoridades.

Artículo 20. En todo juicio criminal, el acusado tendrá las siguientes garantías:

1ra. que se le haga saber el motivo del procedimiento y el nombre del acusador, si lo hubiere:
2.ª que se le tome su declaración preparatoria dentro de cuarenta y ocho horas, contadas desde que esté a disposición de su juez:
3.ª que se le carée con los testigos que depongan en su contra:
4.ª que se le faciliten los datos que necesite y consten en el proceso, para preparar sus descargos:
5.ª que se le oiga en defensa por sí, o por persona de su confianza, o por ambos, según su voluntad. En caso de no tener quien lo defienda, se le presentará lista de los defensores de oficio para que elija el que, o los que le convengan.

Artículo 21. La aplicación de las penas, propiamente tales, es exclusiva de la autoridad judicial. La política o administrativa solo podrá imponer, como corrección, hasta quinientos pesos de multa, o hasta un mes de reclusión, en los casos y modo que expresamente determine la ley.

Artículo 22. Quedan para siempre prohibidas las penas de mutilación y de infamia, la marca, los azotes, los palos, el tormento de cualquiera especie, la multa excesiva, la confiscación de bienes y cualesquiera otras penas inusitadas o trascendentales.

Artículo 23. Para la abolición de la pena de muerte, queda a cargo del poder administrativo el establecer, a la mayor brevedad, el régimen penitenciario. Entre tanto, queda abolida para los delitos políticos, y no podrá extenderse a otros casos mas que al traidor a la patria en guerra extranjera, al salteador de caminos, al incendiario, al parricida, al homicida con alevosía, premeditación o ventaja, a los delitos graves del orden militar y a los de piratería que definiere la ley.

Artículo 24. ningún juicio criminal puede tener mas de tres instancias. Nadie puede ser juzgado dos veces por el mismo delito, ya sea que en el juicio se le absuelva o se le condene. Queda abolida la práctica de absolver de la instancia.

Artículo 25. La correspondencia, que bajo cubierta circule por las estafetas, está libre de todo registro. La violación de esta garantía es un atentado que la ley castigará severamente.

Artículo 26. En tiempo de paz ningún militar puede exigir alojamiento, bagaje, ni otro servicio real o personal, sin el consentimiento del propietario. En tiempo de guerra solo podrá hacerlo en los términos que establezca la ley.

Artículo 27. La propiedad de las personas no puede ser ocupada sin su consentimiento, sino por causa de utilidad pública y previa indemnización. La ley determinará la autoridad que deba hacer la expropiación, y los requisitos con que ésta haya de verificarse.

Ninguna corporación civil o eclesiástica, cualquiera que sea su carácter, denominación ú objeto, tendrá capacidad legal para adquirir en propiedad o administrar por sí bienes raíces, con la única excepción de los edificios destinados inmediata y directamente al servicio ú objeto de la institución.

Artículo 28. No habrá monopolios, ni estancos de ninguna clase, ni prohibiciones a título de protección a la industria. Exceptúanse únicamente los relativos a la acuñación de moneda, a los correos, y a los privilegios que, por tiempo limitado, conceda la ley a los inventores o perfeccionadores de alguna mejora.

Artículo 29. En los casos de invasión, perturbación grave de la paz pública, o cualesquiera otros que pongan a la sociedad en grande peligro o conflicto, solamente el Presidente de la República, de acuerdo con el consejo de Ministros y con aprobación del Congreso de la Unión, y en los recesos de éste, de la diputación permanente, puede suspender las garantías otorgadas en esta Constitución, con excepción de las que aseguran la vida del hombre; pero deberá hacerlo por un tiempo limitado, por medio de prevenciones generales y sin que la supresión pueda contraerse a determinado individuo.

Si la suspensión tuviere lugar hallándose el Congreso reunido, éste concederá las autorizaciones que estime necesarias para que el Ejecutivo haga frente a la situación. Si la suspensión se verificase en tiempo de receso, la diputación permanente convocará sin demora al Congreso para que las acuerde.

Sección II. De los mexicanos

Artículo 30. Son Mexicanos:
I. Todos los nacidos dentro o fuera del territorio de la república, de padres mexicanos. II. los extranjeros que se naturalicen conforme a las leyes de la federación.
III. los extranjeros que adquieran bienes raíces en la república o tengan hijos mexicanos, siempre que no manifiesten la resolución de conservar su nacionalidad.

Artículo 31. Es obligación de todo mexicano:
I. defender la independencia, el territorio, el honor, los derechos e intereses de su patria.
II. contribuir para los gastos públicos, así de la federación como del estado y municipio en que resida, de la manera proporcional y equitativa que dispongan las leyes.

Artículo 32. Los mexicanos serán preferidos a los extranjeros, en igualdad de circunstancias, para todos los empleos, cargos o comisiones de nombramiento de las autoridades en que no sea indispensable la calidad de ciudadano. Se expedirán leyes para mejorar la condición de los mexicanos laboriosos, premiando a los que se distingan en cualquier ciencia o arte, estimulando al trabajo, y fundando colegios y escuelas prácticas de artes y oficios.

Sección III. De los extranjeros

Artículo 33. Son extranjeros los que no posean las calidades determinadas en el art 30. Tienen derecho a las garantías otorgadas en la sección 1ra, título 1º, de la presente Constitución, salva en todo caso la facultad que el gobierno tiene para expeler al extranjero pernicioso. Tienen obligación de contribuir para los gastos públicos de la manera que dispongan las leyes y de obedecer y respetar las instituciones, leyes y autoridades del país, sujetándose a los fallos y sentencias de los tribunales, sin poder intentar otros recursos que los que las leyes conceden a los mexicanos.

Sección IV. De los ciudadanos mexicanos

Artículo 34. Son ciudadanos de la república todos los que teniendo la calidad de mexicanos, reúnan además las siguientes:

    I. haber cumplido diez y ocho años siendo casados, o veinte y uno si no lo son: II. tener un modo honesto de vivir.
Artículo 35. Son prerrogativas del ciudadano: I. votar en las elecciones populares:
    II. poder ser votado para todos los cargos de elección popular y nombrado para cualquier otro empleo o comisión, teniendo las calidades que la ley establezca:
    III. asociarse para tratar los asuntos políticos del país:

IV. tomar las armas en el ejército o en la guardia nacional, para la defensa de la república y de sus instituciones:
V. ejercer en toda clase de negocios el derecho de petición.
Artículo 36. Son obligaciones del ciudadano de la república:

I. inscribirse en el padrón de su municipalidad, manifestando la propiedad que tiene, o la industria, profesión o trabajo de que subsiste:

II. alistarse en la guardia nacional:

III. votar en las elecciones populares, en el distrito que le corresponda:

IV. desempeñar los cargos de elección popular de la federación, que en ningún caso serán gratuitos.

Artículo 37. La calidad de ciudadano se pierde: I. por naturalización en país extranjero:

II. por servir oficialmente al gobierno de otro país, o admitir de él condecoraciones, títulos o funciones, sin previa licencia del Congreso federal. Exceptuándose los títulos literarios, científicos y humanitarios, que pueden aceptarse libremente.

Artículo 38. La ley fijará los casos y la forma en que se pierden o suspenden los derechos de ciudadano y la manera de hacer la rehabilitación.

Título 2.º

Sección I. De la soberanía nacional y de la forma de gobierno

Artículo 39. La soberanía nacional reside esencial y originariamente en el pueblo. Todo poder público dimana del pueblo y se instituye para su beneficio. El pueblo tiene en todo tiempo el inalienable derecho de alterar o modificar la forma de su gobierno.

Artículo 40. Es voluntad del pueblo mexicano constituirse en una república representativa democrática federal, compuesta de estados libres y soberanos en todo lo concerniente a su régimen interior, pero unidos en una federación establecida según los principios de esta ley fundamental.

Artículo 41. El pueblo ejerce su soberanía por medio de los poderes de la Unión en los casos de su competencia, y por los de los Estados para lo que toca a su régimen interior, en los términos respectivamente establecidos por esta constitución federal y las particulares de los Estados, las que en ningún caso podrán contravenir a las estipulaciones del pacto federal.

Sección II. De las partes integrantes de la federación y del territorio nacional

Artículo 42. El territorio nacional comprende el de las partes integrantes de la federación, y además el de las islas adyacentes en ambos mares.

Artículo 43. Las partes integrantes de la federación son: los estados de Aguascalientes, Colima, Chiapas, Chihuahua, Durango, Guanajuato, Guerrero, Jalisco, México, Michoacán, Nuevo León y Coahuila, Oaxaca, Puebla, Querétaro, San Luis Potosí, Sinaloa, Sonora, Tabasco, Tamaulipas, Tlaxcala, Valle de México, Veracruz, Yucatán, Zacatecas y el Territorio de la Baja California.

Artículo 44. Los Estados de Aguascalientes, Chiapas, Chihuahua, Durango, Guerrero, México, Puebla, Querétaro, Sinaloa, Sonora, Tamaulipas y el Territorio de la Baja California, conservarán los límites que actualmente tienen.

Artículo 45. Los Estados de Colima y Tlaxcala conservarán, en su nuevo carácter de Estados, los límites que han tenido como territorios de la federación.

Artículo 46. El Estado del Valle de México se formará del territorio que en la actualidad comprende el distrito federal; pero la erección solo tendrá efecto cuando los Supremos Poderes federales se trasladen
  a otro lugar.

Artículo 47. El Estado de Nuevo León y Coahuila comprenderá el territorio que ha pertenecido a los dos distintos Estados que hoy lo forman, separándose la parte de la hacienda de Bonanza, que se reincorporará a Zacatecas, en los mismos términos en que estaba antes de su incorporación a Coahuila.

Artículo 48. Los Estados de Guanajuato, Jalisco, Michoacán, Oaxaca, San Luis Potosí, Tabasco, Veracruz, Yucatán y Zacatecas, recobrarán la extensión y límites que tenían en 31 de Diciembre de
1852, con las alteraciones que establece el artículo siguiente.

Artículo 49. El pueblo de Contepec que ha pertenecido a Guanajuato, se incorporará a Michoacán. La municipalidad de Ahualulco, que ha pertenecido a Zacatecas, se incorporará a San Luis Potosí. Las municipalidades de Ojo-Caliente y San Francisco de los Adames, que han pertenecido a San Luis, así como los pueblos de Nueva Tlaxcala y San Andrés del Teul, que han pertenecido a Jalisco, se incorporarán a Zacatecas. El departamento de Tuxpan continuará formando parte de Veracruz. El cantón de Huimanguillo, que ha pertenecido a Veracruz, se incorporará a Tabasco.

Título 3.º De la división de poderes

Artículo 50. El Supremo poder de la federación se divide para su ejercicio, en legislativo, Ejecutivo y judicial. Nunca podrán reunirse dos o mas de estos poderes en una persona o corporación, ni depositarse el legislativo en un individuo.

Sección I. Del poder legislativo

Artículo 51. Se deposita el ejercicio del supremo poder legislativo en una asamblea que se denominará Congreso de la Unión.

Párrafo 1.º De la elección e instalación del Congreso.

Artículo 52. El Congreso de la Unión se compondrá de representantes, elegidos en su totalidad cada dos años por los ciudadanos mexicanos.

Artículo 53. Se nombrará un diputado por cada cuarenta mil habitantes, o por una fracción que pase de veinte mil. El territorio en que la población sea menor de la que se fija en este artículo, nombrará sin embargo un diputado.

Artículo 54. Por cada diputado propietario se nombrará un suplente.

Artículo 55. La elección para diputados será indirecta en primer grado, y en escrutinio secreto, en los términos que disponga la ley electoral.

Artículo 56. Para ser diputado se requiere: ser ciudadano mexicano en ejercicio de sus derechos; tener veinte y cinco años cumplidos el día de la apertura de las sesiones; ser vecino del Estado o Territorio que hace la elección, y no pertenecer al estado eclesiástico. La vecindad no se pierde por ausencia en desempeño de cargo público de elección popular.

Artículo 57. El cargo de diputado es incompatible con cualquiera comisión o destino de la Unión en que se disfrute sueldo.

Artículo 58. Los diputados propietarios, desde el día de su elección hasta el día en que concluyan su encargo, no pueden aceptar ningún empleo de nombramiento del Ejecutivo de la Unión por el que se disfrute sueldo, sin previa licencia del Congreso. El mismo requisito es necesario para los diputados suplentes que estén en ejercicio de sus funciones.

Artículo 59. Los diputados son inviolables por sus opiniones manifestadas en el desempeño de su encargo, y jamás podrán ser reconvenidos por ellas.

Artículo 60. El Congreso califica las elecciones de sus miembros y resuelve las dudas que ocurran sobre ellas.

Artículo 61. El Congreso no puede abrir sus sesiones ni ejercer su encargo sin la concurrencia de mas de la mitad del número total de sus miembros; pero los presentes deberán reunirse el día señalado por la ley y compeler a los ausentes, bajo las penas que ella designe.

Artículo 62. El Congreso tendrá cada año dos periodos de sesiones ordinarias: el primero comenzará el 16 de Setiembre y terminará el 15 de Diciembre, y el segundo, improrrogable, comenzará el 1° de Abril y terminará el último de Mayo.

Artículo 63. A la apertura de sesiones del Congreso asistirá el presidente de la Unión y pronunciará un discurso en que manifieste el estado que guarda el país. El Presidente del Congreso contestará en términos generales.

Artículo 64. Toda resolución del Congreso no tendrá otro carácter que el de ley o acuerdo económico. Las leyes se comunicarán al Ejecutivo firmadas por el presidente y dos secretarios, y los acuerdos económicos por solo dos secretarios.

Párrafo 2.° De la iniciativa y formación de las leyes. **Artículo 65.** El derecho de iniciar leyes compete:
   I. al presidente de la Unión:
   II. a los diputados al Congreso federal:
   III. a las legislaturas de los Estados.

Artículo 66. Las iniciativas presentadas por el presidente de la república, las legislaturas de los Estados o las diputaciones de los mismos, pasarán desde luego a comisión. Las que presentaren los diputados, se sujetarán a los trámites que designe el reglamento de debates.

Artículo 67. Todo proyecto de ley que fuere desechado por el Congreso, no podrá volver a presentarse en las sesiones del año.

Artículo 68. El segundo periodo de sesiones se destinará de toda preferencia al examen y votación de los presupuestos del año fiscal siguiente, a decretar las contribuciones para cubrirlos y a la revisión de la cuenta del año anterior, que presente el Ejecutivo.

Artículo 69. El día penúltimo del primer periodo de sesiones presentará el Ejecutivo al Congreso el proyecto de presupuesto del año próximo venidero y la cuenta del año anterior. Uno y otra pasarán a una comisión, compuesta de cinco representantes nombrados en el mismo día, la cual tendrá la obligación de examinar ambos documentos, y presentar dictamen sobre ellos en la segunda sesión del segundo periodo.

Artículo 70. Las iniciativas o proyectos de ley deberán sujetarse a los trámites siguientes:
I. dictamen de comisión:
II. una o dos discusiones en los términos que expresan las fracciones siguientes:
III. la primera discusión se verificará en el día que designe el presidente del Congreso conforme a reglamento:
IV: concluida esta discusión se pasará al Ejecutivo copia del expediente para que en el término de siete días manifieste su opinión, o exprese que no usa de esa facultad:
V. si la opinión del Ejecutivo fuere conforme, se procederá sin mas discusión, a la votación de la ley.
VI. si dicha opinión discrepare en todo o en parte, volverá el expediente a la comisión para que, con presencia de las observaciones del gobierno, examine de nuevo el negocio:

VII. el nuevo dictamen sufrirá nueva discusión, y concluida ésta se procederá a la votación: VIII. aprobación de la mayoría absoluta de los diputados presentes.

Artículo 71. En el caso de urgencia notoria, calificada por el voto de dos tercios de los diputados presentes, el Congreso puede estrechar o dispensar los trámites establecidos en el art. 70.

Párrafo 3.º De las facultades del Congreso.

Artículo 72. El Congreso tiene facultad:

I. Para admitir nuevos Estados o Territorios a la Unión federal, incorporándolos a la nación.
II. Para erigir los Territorios en Estados cuando tengan una población de ochenta mil habitantes, y los elementos necesarios para proveer a su existencia política.
III. Para formar nuevos Estados dentro de los límites de los existentes, siempre que lo pida una población de ochenta mil habitantes, justificando tener los elementos necesarios para proveer a su existencia política. Oirá en todo caso a las legislaturas de cuyo Territorio se trate, y su acuerdo solo tendrá efecto si lo ratifica la mayoría de las legislaturas de los Estados.
IV. Para arreglar definitivamente los límites de los Estados, terminando las diferencias que entre ellos se susciten sobre demarcación de sus respectivos territorios, menos cuando esas diferencias tengan un carácter contencioso.
V. Para cambiar la residencia de los supremos poderes de la federación.

VI. Para el arreglo interior del distrito federal y Territorios, teniendo por base el que los ciudadanos elijan popularmente las autoridades políticas, municipales y judiciales, designándoles rentas para cubrir sus atenciones locales.

VII. Para aprobar el presupuesto de los gastos de la federación que anualmente debe presentarle el Ejecutivo, e imponer las contribuciones necesarias para cubrirlo.

VIII. Para dar bases bajo las cuales, el Ejecutivo pueda celebrar empréstitos sobre el crédito de la nación; para aprobar esos mismos empréstitos, y para reconocer y mandar pagar la deuda nacional.

IX. Para expedir aranceles sobre el comercio extranjero, y para impedir por medio de bases generales, que en el comercio de estado a estado se establezcan restricciones onerosas.

X. Para establecer las bases generales de la legislación mercantil.

XI. Para crear y suprimir empleos públicos de la federación, señalar, aumentar o disminuir sus dotaciones.

XII. Para ratificar los nombramientos que haga el Ejecutivo de los ministros, agentes diplomáticos y cónsules, de los empleados superiores de hacienda, de los coroneles, y demás oficiales superiores del ejército y armada nacional.

XIII. Para aprobar los tratados, convenios o convenciones diplomáticas que celebre el Ejecutivo.

XIV. Para declarar la guerra en vista de los datos que le presente el Ejecutivo.

XV. Para reglamentar el modo en que deban expedirse las patentes de corso; para dictar leyes, según las cuales deban declararse buenas o malas las presas de mar y tierra, y para expedir las relativas al derecho marítimo de paz y guerra.

XVI. Para conceder o negar la entrada de tropas extranjeras en el territorio de la federación, y consentir la estación de escuadras de otra potencia, por mas de un mes, en las aguas de la república.

XVII. Para permitir la salida de tropas nacionales fuera de los límites de la república.

XVIII. Para levantar y sostener el ejército y la armada de la Unión, y para reglamentar su organización y servicio.

XIX. Para dar reglamentos con el objeto de organizar, armar y disciplinar la guardia nacional, reservando a los ciudadanos que la formen, el nombramiento respectivo de jefes y oficiales, y a los Estados la facultad de instruirla, conforme a la disciplina prescrita por dichos reglamentos.

XX. Para dar su consentimiento a fin de que el Ejecutivo pueda disponer de la guardia nacional fuera de sus respectivos Estados o Territorios, fijando la fuerza necesaria.

XXI. Para dictar leyes sobre naturalización, colonización y ciudadanía.

XXII. Para dictar leyes sobre vías generales de comunicación y sobre postas y correos.

XXIII. Para establecer casas de moneda, fijar las condiciones que esta deba tener, determinar el valor de la extranjera, y adoptar un sistema general de pesos y medidas.

XXIV. Para fijar las reglas a que debe sujetarse la ocupación y enajenación de terrenos baldíos y el precio de éstos.

XXV. Para conceder amnistías por delitos cuyo conocimiento pertenezca a los tribunales de la federación.

XXVI. Para conceder premios o recompensas por servicios eminentes prestados a la patria o a la humanidad, y privilegios por tiempo limitado a los inventores o perfeccionadores de alguna mejora.

XXVII. Para prorrogar por treinta días útiles el primer periodo de sus sesiones ordinarias. XXVIII. Para formar su reglamento interior y tomar las providencias necesarias para hacer concurrir a los diputados ausentes, y corregir las faltas ú omisiones de los presentes.

XXIX. Para nombrar y remover libremente a los empleados de su secretaría y a los de la contaduría mayor, que se organizará según lo disponga la ley.

XXX. Para expedir todas las leyes que sean necesarias y propias para hacer efectivas las facultades antecedentes y todas las otras concedidas por esta Constitución a los poderes de la Unión.

Párrafo 4.º De la diputación permanente.

Artículo 73. Durante los recesos del Congreso de la Unión, habrá una diputación permanente, compuesta de un diputado por cada Estado y Territorio, que nombrará el Congreso la víspera de la clausura de sus sesiones.

Artículo 74. Las atribuciones de la diputación permanente son las siguientes:

I. Prestar su consentimiento para el uso de la guardia nacional, en los casos de que habla el artículo 72, fracción 20.

II. Acordar por sí sola, o a petición del Ejecutivo, la convocación del Congreso a sesiones extraordinarias.

III. Aprobar en su caso los nombramientos a que se refiere el art. 85, fracción 3.ª

IV. Recibir el juramento al presidente de la república y a los ministros de la Suprema Corte de justicia, en los casos prevenidos por esta Constitución.

V. Dictaminar sobre todos los asuntos que queden sin resolución en los expedientes, a fin de que la legislatura que sigue tenga desde luego de que ocuparse.

Sección II. Del poder ejecutivo

Artículo 75. Se deposita el ejercicio del supremo poder ejecutivo de la Unión en un solo individuo que se denominará Presidente de los Estados Unidos Mexicanos.

Artículo 76. La elección de presidente será indirecta en primer grado y en escrutinio secreto, en los términos que disponga la ley electoral.

Artículo 77. Para ser Presidente se requiere: ser ciudadano mexicano por nacimiento, en ejercicio de sus derechos, de treinta y cinco años cumplidos al tiempo de la elección, no pertenecer al estado eclesiástico y residir en el país al tiempo de verificarse la elección.

Artículo 78. El presidente entrará a ejercer sus funciones el 1° de Diciembre y durará en su encargo cuatro años.

Artículo 79. En las faltas temporales del presidente de la república, y en la absoluta, mientras se presenta el nuevamente electo, entrará a ejercer el poder el presidente de la suprema corte de justicia.

Artículo 80. Si la falta del presidente fuere absoluta, se procederá a nueva elección con arreglo a lo dispuesto en el art. 76, y el nuevamente electo ejercerá sus funciones hasta el día último de Noviembre del cuarto año siguiente al de su elección.

Artículo 81. El cargo de presidente de la Unión solo es renunciable por causa grave, calificada por el Congreso, ante quien se presentará la renuncia.

Artículo 82. Si por cualquier motivo la elección de presidente no estuviere hecha y publicada para el 1º de Diciembre, en que debe verificarse el reemplazo, o el electo no estuviere pronto a entrar en el ejercicio de sus funciones, cesará sin embargo el antiguo, y el supremo poder ejecutivo se depositará interinamente en el presidente de la suprema corte de justicia.

Artículo 83. El presidente al tomar posesión de su encargo, jurará ante el Congreso, y en su receso ante la diputación permanente, bajo la fórmula siguiente: "Juro desempeñar leal y patrióticamente el encargo de Presidente de los Estados Unidos Mexicanos, conforme a la constitución, y mirando en todo por el bien y prosperidad de la Unión."

Artículo 84. El Presidente no puede separarse del lugar de la residencia de los poderes federales, ni del ejercicio de sus funciones sin motivo grave calificado por el Congreso, y en sus recesos por la diputación permanente.

Artículo 85. Las facultades y obligaciones del Presidente son las siguientes:
  I. Promulgar y ejecutar las leyes que expida el Congreso de la Unión, proveyendo en la esfera administrativa a su exacta observancia.
  II. Nombrar y remover libremente a los Secretarios del Despacho, remover a los agentes diplomáticos y empleados superiores de hacienda y nombrar y remover libremente a los

demás empleados de la Unión, cuyo nombramiento o remoción no estén determinados de otro modo en la Constitución o en las leyes.

III. Nombrar los ministros, agentes diplomáticos y cónsules generales con aprobación del Congreso, y en sus recesos, de la diputación permanente.

IV. Nombrar, con aprobación del Congreso, los coroneles y demás oficiales superiores del ejército y armada nacional y los empleados superiores de hacienda.

V. Nombrar los demás oficiales del ejército y armada nacional, con arreglo a las leyes.

VI. Disponer de la fuerza armada permanente de mar y tierra para la seguridad interior y defensa exterior de la federación.

VII. Disponer de la guardia nacional para los mismos objetos, en los términos que previene la fracción 20 del art. 72.

VIII. Declarar la guerra en nombre de los Estados Unidos mexicanos, previa ley del Congreso de la Unión.

IX. Conceder patentes de corso con sujeción a las bases fijadas por el Congreso.

X. Dirigir las negociaciones diplomáticas, y celebrar tratados con las potencias extranjeras, sometiéndolos a la ratificación del Congreso federal.

XI. Recibir ministros y otros enviados de las potencias extranjeras.

XII. Convocar al Congreso a sesiones extraordinarias, cuando lo acuerde la diputación permanente.

XIII. Facilitar al poder judicial los auxilios que necesite para el ejercicio expedito de sus funciones.

XIV. Habilitar toda clase de puertos, establecer aduanas marítimas y fronterizas y designar su ubicación.

XV. Conceder, conforme a las leyes, indultos a los reos sentenciados por delitos de la competencia de los tribunales federales.

Artículo 86. Para el despacho de los negocios del orden administrativo de la federación, habrá el número de secretarios que establezca el Congreso por una ley, la que hará la distribución de los negocios que han de estar a cargo de cada secretaría.

Artículo 87. Para ser secretario del Despacho se requiere: ser ciudadano mexicano por nacimiento, estar en ejercicio de sus derechos y tener veinte y cinco años cumplidos.

Artículo 88. Todos los reglamentos, decretos y órdenes del Presidente deberán ir firmados por el Secretario del Despacho encargado del ramo a que el asunto corresponde. Sin este requisito no serán obedecidos.

Artículo 89. Los secretarios del Despacho, luego que estén abiertas las sesiones del primer periodo, darán cuenta al Congreso del estado de sus respectivos ramos.

Sección III. Del poder judicial

Artículo 90. Se deposita el ejercicio del poder judicial de la federación en una Corte suprema de Justicia y en los tribunales de Distrito y de Circuito.

Artículo 91. La Suprema Corte de justicia se compondrá de once ministros propietarios, cuatro supernumerarios, un fiscal y un procurador general.

Artículo 92. Cada uno de los individuos de la Suprema Corte de Justicia durará en su encargo seis años, y su elección será indirecta en primer grado, en los términos que disponga la ley electoral.

Artículo 93. Para ser electo individuo de la Suprema Corte de Justicia se necesita: estar instruido en la ciencia del derecho a juicio de los electores, ser mayor de treinta y cinco años y ciudadano mexicano por nacimiento, en ejercicio de sus derechos.

Artículo 94. Los individuos de la Suprema Corte de Justicia al entrar a ejercer su encargo, prestarán juramento ante el Congreso, y en sus recesos ante la diputación permanente en la forma siguiente:
¿Juráis desempeñar leal y patrióticamente el cargo de magistrado de la Suprema Corte de Justicia que os ha conferido el pueblo, conforme a la Constitución y mirando en todo por el bien y prosperidad de la Unión?

Artículo 95. El cargo de individuo de la Suprema Corte de Justicia solo es renunciable por causa grave, calificada por el Congreso, ante quien se presentará la renuncia. En los recesos de éste la calificación se hará por la diputación permanente.

Artículo 96. La ley establecerá y organizará los tribunales de Circuito y de Distrito.

Artículo 97. Corresponde a los tribunales de la federación conocer:

I. De todas las controversias que se susciten sobre el cumplimiento y aplicación de las leyes federales.

II. De las que versen sobre derecho marítimo.

III. De aquellas en que la federación fuere parte. IV. De las que se susciten entre dos o mas Estados.

V. De las que se susciten entre un Estado y uno o más vecinos de otro.

VI. De las del orden civil o criminal que se susciten a consecuencia de los tratados celebrados con las potencias extranjeras.

VII. De los casos concernientes a los agentes diplomáticos y cónsules.

Artículo 98. Corresponde a la Suprema Corte de Justicia desde la primera instancia, el conocimiento de las controversias que se susciten de un Estado con otro y de aquellas en que la Unión fuere parte.

Artículo 99. Corresponde también a la Suprema Corte de Justicia dirimir las competencias que se susciten entre los tribunales de la federación, entre estos y los de los Estados, o entre los de un Estado y los de otro.

Artículo 100. En los demás casos comprendidos en el art. 97, la Suprema Corte de Justicia será tribunal de apelación, o bien de última instancia, conforme a la graduación que haga la ley de las atribuciones de los tribunales de Circuito y de Distrito.

Artículo 101. Los tribunales de la federación resolverán toda controversia que se suscite:

I. Por leyes o actos de cualquiera autoridad que violen las garantías individuales.

II. Por leyes o actos de la autoridad federal que vulneren o restrinjan la soberanía de los Estados.

III. Por las leyes o actos de las autoridades de éstos que invadan la esfera de la autoridad federal.

Artículo 102. Todos los juicios de que habla el artículo anterior se seguirán a petición de la parte agraviada por medio de procedimientos y formas del orden jurídico, que determinará una ley. La sentencia será siempre tal, que solo se ocupe de individuos particulares limitándose a protegerlos y ampararlos en el caso especial sobre que verse el proceso, sin hacer ninguna declaración general respecto de la ley o acto que la motivare.

Título 4.º De la responsabilidad de los funcionarios públicos

Artículo 103. Los diputados al Congreso de la Unión, los individuos de la Suprema Corte de Justicia y los Secretarios del Despacho son responsables por los delitos comunes que cometan durante el tiempo de su encargo y por los delitos, faltas ú omisiones en que incurran en el ejercicio de ese mismo encargo. Los gobernadores de los Estados lo son igualmente por la infracción de la Constitución y leyes federales. Lo es también el Presidente de la república; pero durante el tiempo de su encargo solo podrá ser acusado por los delitos de traición a la patria, violación expresa de la Constitución, ataque a la libertad electoral y delitos graves del orden común.

Artículo 104. Si el delito fuere común, el Congreso, erigido en gran jurado declarará, a mayoría absoluta de votos, si ha o no lugar a proceder contra el acusado. En caso negativo, no habrá lugar a ningún procedimiento ulterior. En el afirmativo, el acusado queda por el mismo hecho separado de su encargo y sujeto a la acción de los tribunales comunes.

Artículo 105. De los delitos oficiales conocerán el Congreso como jurado de acusación, y la Suprema Corte de Justicia como jurado de sentencia.

El jurado de acusación tendrá por objeto declarar a mayoría absoluta de votos, si el acusado es o no culpable. Si la declaración fuere absolutoria el funcionario continuará en el ejercicio de su encargo. Si fuere condenatoria, quedará inmediatamente separado de dicho encargo, y será puesto a disposición de la Suprema Corte de Justicia. Esta, en tribunal pleno y erigida en jurado de sentencia, con audiencia del reo, del fiscal y del acusador, si lo hubiere, procederá a aplicar, a mayoría absoluta de votos, la pena que la ley designe.

Artículo 106. Pronunciada una sentencia de responsabilidad por delitos oficiales no puede concederse al reo la gracia de indulto.

Artículo 107. La responsabilidad por delitos y faltas oficiales solo podrá exigirse durante el periodo en que el funcionario ejerza su encargo y un año después.

Artículo 108. En demandas del orden civil no hay fuero ni inmunidad para ningún funcionario público.

Título 5.º De los Estados de la federación

Artículo 109. Los Estados adoptarán para su régimen interior la forma de gobierno republicano representativo popular.

Artículo 110. Los Estados pueden arreglar entre sí, por convenios amistosos, sus respectivos límites;
pero no se llevarán a efecto esos arreglos sin la aprobación del Congreso de la Unión.

Artículo 111. Los Estados no pueden en ningún caso:
I. Celebrar alianza, tratado o coalición con otro Estado, ni con potencias extranjeras. Exceptúase la coalición que pueden celebrar los Estados fronterizos para la guerra ofensiva o defensiva contra los bárbaros.
II. Expedir patentes de corso ni de represalias.
III. Acuñar moneda, emitir papel moneda ni papel sellado.

Artículo 112. Tampoco pueden sin consentimiento del Congreso de la Unión:
I. Establecer derechos de tonelaje ni otro alguno de puerto, ni imponer contribuciones o derechos sobre importaciones o exportaciones.
II. Tener en ningún tiempo tropa permanente, ni buques de guerra.
III. Hacer la guerra por sí a alguna potencia extranjera. Exceptúanse los casos de invasión o de peligro tan inminente que no admita demora. En estos casos darán cuenta inmediatamente al Presidente de la República.

Artículo 113. Cada Estado tiene obligación de entregar sin demora los criminales de otros Estados a la autoridad que los reclame.

Artículo 114. Los gobernadores de los Estados están obligados a publicar y hacer cumplir las leyes federales.

Artículo 115. En cada Estado de la federación se dará entera fe y crédito a los actos públicos, registros y procedimientos judiciales de todos los otros. El Congreso puede, por medio de leyes generales, prescribir la manera de probar dichos actos, registros y procedimientos y el efecto de ellos.

Artículo 116. Los poderes de la Unión tienen el deber de proteger a los Estados contra toda invasión o violencia exterior. En caso de sublevación o trastorno interior, les prestarán igual protección, siempre que sean excitados por la legislatura del Estado o por su Ejecutivo, si aquella no estuviere reunida.

Título 6.º Prevenciones generales

Artículo 117. Las facultades que no están expresamente concedidas por esta Constitución a los funcionarios federales, se entienden reservadas a los Estados.

Artículo 118. Ningún individuo puede desempeñar, a la vez, dos cargos de la Unión de elección popular;
 pero el nombrado puede elegir entre ambos el que quiera desempeñar.

Artículo 119. Ningún pago podrá hacerse que no esté comprendido en el presupuesto, o determinado por ley posterior.

Artículo 120. El Presidente de la República, los individuos de la Suprema Corte de Justicia, los diputados, y demás funcionarios públicos de la federación de nombramiento popular, recibirán una compensación por sus servicios, que será determinada por la ley y pagada por el tesoro federal. Esta compensación no es renunciable, y la ley que la aumente o la disminuya, no podrá tener efecto durante el periodo en que un funcionario ejerce el cargo.

Artículo 121. Todo funcionario público, sin excepción alguna, antes de tomar posesión de su encargo prestará juramento de guardar y hacer guardar esta Constitución y las leyes que de ella emanen.

Artículo 122. En tiempo de paz ninguna autoridad militar puede ejercer mas funciones, que las que tengan exacta conexión con la disciplina militar. Solamente habrá comandancias militares fijas y permanentes en los castillos, fortalezas y almacenes que dependan inmediatamente del gobierno de la Unión; o en los campamentos, cuarteles o depósitos que, fuera de las poblaciones, estableciere para la estación de las tropas.

Artículo 123. Corresponde exclusivamente a los poderes federales ejercer en materias de culto religioso y disciplina externa, la intervención que designen las leyes.

Artículo 124. Para el día 1ro de Junio de 1858 quedarán abolidas las alcabalas y aduanas interiores en toda la república.

Artículo 125. Estarán bajo la inmediata inspección de los poderes federales los fuertes, cuarteles, almacenes de depósitos y demás edificios necesarios al gobierno de la Unión.

Artículo 126. Esta Constitución, las leyes del Congreso de la Unión que emanen de ella y todos los tratados hechos o que se hicieren por el Presidente de la República, con aprobación del Congreso, serán la ley suprema de toda la Unión. Los jueces de cada Estado se arreglarán a dicha Constitución, leyes y tratados, a pesar de las disposiciones en contrario que pueda haber en las Constituciones o leyes de los Estados.

Título 7.º De la reforma de la Constitución

Artículo 127. La presente Constitución puede ser adicionada o reformada. Para que las adiciones o reformas lleguen a ser parte de la Constitución, se requiere que el Congreso de la Unión, por el voto de las dos terceras partes de sus individuos presentes, acuerde las reformas o adiciones y que estas sean aprobadas por la mayoría de las legislaturas de los Estados. El Congreso de la Unión hará el cómputo de los votos de las legislaturas y la declaración de haber sido aprobadas las adiciones o reformas.

Título 8.º De la inviolabilidad de la Constitución

Artículo 128. Esta Constitución no perderá su fuerza y vigor, aun cuando por alguna rebelión se interrumpa su observancia. En caso de que por un trastorno público se establezca un gobierno contrario a los principios que ella sanciona, tan luego como el pueblo recobre su libertad, se restablecerá su observancia, y con arreglo a ella y a las leyes que en su virtud se hubieren espedido, serán juzgados, así los que hubieren figurado en el gobierno emanado de la rebelión, como los hubieren cooperado a ésta.

Artículo transitorio

Esta Constitución se publicará desde luego y será jurada con la mayor solemnidad en toda la República; pero, con excepción de las disposiciones relativas a las elecciones de los supremos poderes federales y de los de los Estados, no comenzará a regir hasta el día diez y seis de Setiembre próximo venidero en que debe instalarse el primer congreso constitucional. Desde entonces el Presidente de la República y la Suprema Corte de Justicia, que deben continuar en ejercicio hasta que tomen posesión los individuos electos constitucionalmente, se arreglarán, en el desempeño de sus obligaciones y facultades, a los preceptos de la Constitución.

Dada en el salón de sesiones del Congreso en México a 5 de Febrero de 1857, trigésimo séptimo de la Independencia.

Valentín Gómez Farías

Diputado

Por el Estado de Jalisco, Presidente.
León Guzmán
Diputado
Por el Estado de México, Vice-presidente.
Por el Estado de Aguas Calientes
Manuel Buenrostro
Por el Estado de Chiapas
Francisco Robles
Matías Castellanos
Por el Estado de Chihuahua
José Eligio Muñoz
Pedro Ignacio Irigoyen
Por el Estado de Coahuila Simón de la Garza y Melo
Por el Estado de Durango
Marcelino Castañeda
Francisco Zarco
Por el Distrito Federal
Francisco de Paula Cendejas
José María del Río
Ponciano Arriaga
J. M. del Castillo Velasco
Manuel Morales Puente
Por el Estado de Guanajuato
Ignacio Sierra
Antonio Lemus José de la Luz Rosas
Juan Morales Francisco Guerrero
Antonio Aguado Francisco P. Montáñez
Blas Balcárcel
Por el Estado de Guerrero
Francisco Ibarra
Por el Estado de Jalisco
Espiridión Moreno

Mariano Torres Aranda
Jesús Anaya y Hermosillo
Albino Aranda Ignacio Luis Vallarta
Benito Gómez Farías Jesús D. Rojas
Guillermo Langlois Ignacio Ochoa Sánchez
Joaquín M. Degollado
Por el Estado de México
Antonio Escudero
José L. Revilla
Julián Estrada
I. de la Peña y Barragán
Estevan Páez
Rafael María Villagrán Francisco Fernández de Alfaro
Justino Fernández Eulogio Barrera
Manuel Romero Rubio Manuel de la Peña y Ramírez
Manuel Fernando Soto
Por el Estado de Michoacán
Santos Degollado
Sabas Itúrbide Francisco G. Anaya
Ramón I. Alcaraz Francisco Díaz Barriga
Luis Gutiérrez Correa Mariano Ramírez
Mateo Echaiz
Por el Estado de Nuevo León
Manuel P. de Llano
Por el Estado de Oaxaca
Mariano Zavala
G. Larrazábal Ignacio Mariscal
Juan Nepomuceno Cequeda Félix Romero
Manuel E. Goytia
Por el Estado de Puebla
Miguel María Arrioja
Fernando María Ortega

Guillermo Prieto
J. Mariano Viadas
Francisco Banuet
Manuel M. Vargas
Francisco Lazo Estrada
Juan N. Ibarra
Juan N. de la Parra
Por el Estado de Querétaro
Ignacio Reyes
Por el Estado de San Luis Potosí
Francisco J. Villalobos
Pablo Téllez
Por el Estado de Sinaloa
Ignacio Ramírez
Por el Estado de Sonora
Benito Quintana
Por el Estado de Tabasco
Gregorio Payró
Por el Estado de Tamaulipas
Luis García de Arellano
Por el Estado de Tlaxcala José Mariano Sánchez
Por el Estado de Veracruz
José de Empáran
José María Mata Rafael González Páez
Mariano Vega
Por el Estado de Yucatán
Benito Quijano
Francisco Iniestra Pedro de Baranda
Pedro Contreras Elizalde Por el Territorio de Tehuantepec
Joaquín García Granados
Por el Estado de Zacatecas
Miguel Auza

Agustín López de Nava
Basilio Pérez Gallardo
Por el Territorio de la Baja California
Mateo Ramírez
José María Cortés y Esparza
Por el Estado de Guanajuato, diputado secretario Isidoro Olvera
Por el Estado de México, diputado secretario
Juan de Dios Arias
Por el Estado de Puebla, diputado secretario
J. A. Gamboa
Por el Estado de Oaxaca, diputado secretario